No se permite la reproducción total o parcial de esta obra, ni su incorporación a un sistema informático, ni su transmisión en cualquier forma o por cualquier medio (electrónico, mecánico, fotocopia, grabación u otros) sin autorización previa y por escrito de los titulares del copyright. La infracción de dichos derechos puede constituir un delito contra la propiedad intelectual.
143 preguntas para conseguir una relación invencible © Grete Garrido, 2023

143 PREGUNTAS para CONSEGUIR una RELACIÓN **INVENCIBLE**

Una relación sentimental es una maravillosa aventura que requiere cuidados precisos para que florezca fuerte y sana.

Uno de los mayores problemas con los que nos enfrentamos cuando compartimos nuestra vida con alguien es la falta de comunicación. Con frecuencia, los quehaceres diarios, la rutina, la desgana o el miedo a una respuesta no esperada, nos lleva a un distanciamiento con nuestra pareja, y si no se pone remedio puede llevar a una relación sin conexión ni intimidad y en el peor de los casos, a la ruptura.

Los profesionales especializados en relaciones de pareja indican que el 80% de los problemas conyugales pueden evitarse si la comunicación entre la pareja es frecuente, fluida y sincera.

En este libro se han recopilado las preguntas más frecuentes que se hacen en cualquier consulta de terapia de pareja.
Cuestiones enfocadas en profundizar en vuestros sentimientos, dudas, anhelos... formuladas para conoceros y respetaros y poder construir juntos un puente sólido hacia un futuro brillante.

CÓMO UTILIZAR ESTE LIBRO

Es fundamental que ambos estéis tranquilos, no se debe llevar a cabo el cuestionario en mitad de una discusión. Al contrario, ha de reservarse un tiempo de calma, donde la pareja no va ser molestada (si hay hijos, es importante que no estén presentes y no vayan a interrumpiros) y con espíritu constructivo y abierto.

Recordad que la idea principal es mejorar y uniros aún más, así que no recibáis ninguna respuesta como un ataque personal o un intento de haceros daño si no todo lo contrario.

Animad al otro a que sea amable pero sincero, de ese modo, podréis comunicaros abiertamente y descubrir multitud de cosas interesantes uno acerca del otro.

Las preguntas no siguen un guión específico, si no que saltan de un tema a otro sin un orden. La razón de no dividir las preguntas por secciones es porque a menudo se tocarán asuntos sensibles y es preferible abordarlos poco a poco y al pasar a otra pregunta de distinto calado, dejamos que repose ese tema para volver más adelante a abordarlo, ya con más perspectiva. El camino va a ser apasionante.

Debajo de cada pregunta hay un espacio para escribir. Tras formularos la pregunta el uno al otro, contestar ambos e iniciar una conversacion, apuntad los puntos clave que habéis sacado en limpio: qué podéis mejorar, qué puede hacer uno y otro para avanzar en ese tema, qué acto/s específico/s llevar a cabo, etc.

Es buena idea que cada uno tenga, aparte, un cuaderno personal donde apuntar ideas que se quieran desarrollar o trabajar en su intimidad.

Las preguntas están efectuadas en masculino/genérico por razones de simplicidad de exposición.

Estáis a punto de comenzar. Realizar este cuestionario es un compromiso innegable con vuestra relación y aunque en ocasiones lo que oigáis os desconcierte o sorprenda, estad seguros que las bases de vuestra unión serán, tras este maravilloso experimento, mucho más sólidas que cuando empezásteis.

¡Adelante!

1- ¿Puedo hablar contigo sobre cualquier tema que me preocupe o hay algo que prefieres que nunca se comente?

2- ¿Qué cualidades viste en mí que me hacían especial?

3- ¿Qué conductas y acciones mías hacen que te sientas más querido? (sé lo más específico que puedas).

4- ¿Qué significa para ti ser la pareja sentimental de alguien?

5- ¿Qué cosas podría decir o hacer que te harían sentir no querido?

6- ¿Qué malos hábitos hemos desarrollado en nuestra relación que necesitamos cambiar?

7- ¿Qué le da más sentido a tu vida?

8- ¿Cómo puedo hacerte saber (sin herirte) que hay un hábito tuyo que me molesta?

9- ¿Qué cosas digo o hago que te sacan de tus casillas?

10- ¿Cómo crees que podemos llegar a ser mejores amigos entre nosotros?

11- ¿Con qué frecuencia te gustaría invitar amigos a nuestra casa?

12- ¿Cómo podemos manejar la situación si siento que estás pasando demasiado tiempo en el trabajo y no suficiente tiempo conmigo?

13- ¿Tengo algún mal hábito relativo a la salud que te moleste? En caso afirmativo, ¿cuál es?

14- ¿Cómo puedo apoyarte mejor en tu carrera profesional?

15- ¿Cuánto tiempo crees que deberíamos reservar para salir y divertirnos juntos?

16- ¿Cuánto tiempo necesitas estar a solas?

17- ¿Cuánto tiempo crees que debemos pasar con nuestras familias (padres, hermanos, etc.)?

18- ¿Cómo te gustaría que expresase verbalmente mi amor?

19- ¿Qué acciones y palabras te hacen sentir que te respeto? (sé lo más específico que puedas).

20- ¿Crees que hemos caído en la rutina? Si es así, ¿qué acciones específicas podemos llevar a cabo para salir de ella?

21- ¿Qué dolor o heridas de relaciones pasadas podrían estar afectando a nuestra relación?

22- ¿Tienes algún mal hábito que sientas que debes ocultarme?

23- ¿En qué hábitos positivos podemos trabajar juntos?

24- ¿Qué crees que debemos hacer si notamos que empezamos a perder nuestra conexión emocional?

25- ¿Cuántos juegos preliminares al sexo son necesarios o deseables para ti?

26- ¿Cómo te gustaría que manejara la situación si alguien de mi familia dice o hace algo que te ofende, en persona o a tus espaldas?

27- ¿Cómo crees que podemos manejar el estrés que resulta de cuidar a los hijos para no enfrentarnos mutuamente?

28- ¿Guardas algún resentimiento que no me hayas podido perdonar? Si es así, ¿como podemos superarlo?

29- ¿Dónde te ves en tu carrera profesional en los próximos cinco años? ¿y en los próximos diez?

30- ¿Crees que te critico con frecuencia? Si es así, ¿cuándo lo hago?

31- ¿De qué estás más orgulloso a nivel personal ¿y de nosotros como pareja?

32- ¿Qué gestos cariñosos te gusta que tenga contigo?

33- ¿Te has sentido no respetado alguna vez en nuestra relación? ¿cuándo?

34- ¿Qué temas solo debemos discutir en persona (no por texto, correo electrónico o teléfono)?

35- ¿Hay algo que nunca debería decirte ni en broma?

36- ¿Te considerarías una persona altamente sensible? y, de ser así, ¿cómo puedo apoyarte?

37- ¿Alguna vez no te has atrevido a decir "no" o a decir lo que realmente piensas estando conmigo? Si es así, ¿cuándo?

38- ¿Hay algún límite que nunca debería sobrepasar?

39- ¿Con qué frecuencia te gustaría tener relaciones sexuales?

40- Ante un conflicto de pareja ¿Qué podemos hacer si llegamos a un punto muerto?

41- ¿Cómo puedo decirte que necesito tiempo a solas sin herir tus sentimientos?

42- ¿Qué te hace desear estar un tiempo a solas?

43- ¿Qué patrones emocionales o de comportamiento crees que estás repitiendo en tus diferentes relaciones?

44- ¿Te sientes cómodo con las muestras de afecto en público?

45- ¿En qué momentos necesitas más cariño?

46- ¿Qué actividades podemos hacer juntos para que nos sintamos más unidos?

47- ¿Qué hábitos tenemos desde que somos padres que impactan negativamente en nuestra relación?

48- ¿Cómo crees que podríamos mejorar nuestra vida sexual?

49- ¿Qué podemos prometernos el uno al otro que nunca diremos ni haremos en momentos de conflicto?

50- ¿Cuál crees que es el secreto de nuestra relación?

51- ¿Cómo te gustaría que pasáramos nuestra vejez?

52- ¿Qué habilidades de crianza de tus padres quieres emular con nuestros hijos? ¿y qué quieres hacer de manera diferente a ellos?

53- ¿Qué cosas te preocupan más últimamente sobre nuestra situación financiera?

54- ¿Cuánto tiempo quieres pasar con tus amigos?

55- ¿Tienes celos de alguno de mis amigos? y, si es así, ¿por qué?

56- ¿Qué podría hacer para que te sientas más comprendido en general?

57- ¿Te sientes libre para expresar tus emociones conmigo?

58- ¿En qué no estás dispuesto a transigir?

59- ¿Te sientes cómodo con mi higiene y cuidado personal? Si no, ¿qué te hace sentir incómodo?

60- En un día típico, ¿cómo te gustaría que pasáramos el tiempo juntos?

61- ¿Hay algo en tu pasado que te resulte incómodo compartir conmigo y, de ser así, ¿cómo puedo hacer que te sientas más cómodo para poder hablar de ello?

62- ¿Qué es lo que más te gusta hacer con otras parejas?

63- ¿Qué es lo que te hace más feliz e infeliz de tu trabajo?

64- ¿Cuánto tiempo crees que necesitamos dedicar a hablar de nuestra relación?

65- ¿Cómo puedo hacer que te sientas más deseado sexualmente?

66- ¿Hay algún espacio en nuestra casa que te gustaría tener como propio? ¿y algún objeto?

67- ¿Cuál es la mejor manera de comunicar un problema de pareja?

68- ¿Dirías que en general soy una persona cariñosa contigo? ¿y con el resto de la gente?

69- ¿Qué temas disfrutas más debatiendo conmigo?

70- ¿Cómo podemos manejar mejor las áreas en las que nuestros hábitos son incompatibles?

71- ¿Cuáles crees que son las principales diferencias entre nosotros a la hora de manejar nuestros conflictos?

72- ¿Crees que realizamos suficientes actividades culturales? ¿Te gustaría que hiciéramos más?

73- ¿Te gustaría incluir juguetes sexuales en nuestras relaciones amorosas?

74- ¿De qué maneras estamos permitiendo que nuestros hijos, el trabajo u otras distracciones o compromisos comprometan nuestro tiempo juntos?

75- ¿Qué acciones por mi parte podrían hacer que te alejaras de mí?

76- ¿Tengo algún amigo que no te guste o con el que te sientas incómodo? Si es así, ¿por qué?

77- Si no coincidimos en la cantidad de tiempo que necesitamos estar cada uno a solas, ¿cómo crees que podemos llegar a un acuerdo?

78- ¿De qué manera puedo brindarte apoyo cuando te sientes sobrepasado cuidando a nuestros hijos?

79- Si tu infelicidad en tu trabajo profesional está afectando nuestra relación o familia, ¿qué estarías dispuesto a hacer para resolver el problema?

80- ¿Crees que se deben discutir nuestros problemas de pareja con nuestras familias?

81- ¿Qué acciones específicas podemos realizar para disfrutar más tiempo juntos?

82- ¿Qué fantasías sexuales tienes que podamos disfrutar juntos?

83- ¿Qué podría decirte cuando quiero hacerte saber que necesito más de ti emocionalmente?

84- ¿Cuáles son tus heridas más profundas del pasado y cómo puedo yo apoyarte?

85- ¿Cuáles crees que son mis mejores habilidades como padre/madre?

86- ¿Crees que deberíamos fijar unos días al mes para ir a cenar solos o pasar tiempo de calidad juntos?

87- ¿Cuáles son tus sueños y deseos más profundos para ti mismo? ¿y para nosotros como pareja?

88- ¿Con qué frecuencia necesitas escucharme decir: "Te quiero"?

89- ¿Te sientes cómodo hablando conmigo sobre tus necesidades sexuales? Si no es así, ¿por qué?

90- ¿Qué podemos aprender ambos de nuestras heridas pasadas que nos pueden ayudar a mejorar nuestra relación en el futuro?

91- ¿Cuándo te sientes más conectado conmigo?

92- ¿Cómo puedo apoyarte en un momento de crisis causado por un problema grave (despido, fallecimiento, enfermedad...?

93- ¿Dónde encuentras más dificultades a la hora de criar a nuestros hijos?

94- ¿Hay alguna pareja que conozcamos que tenga el tipo de intimidad que queremos?

95- ¿Tienes alguna emoción negativa sobre nuestra relación que necesitas expresar en estos momentos?

96- ¿Que cosas hay en tu lista de cosas que te gustaría hacer antes de morir? ¿cuáles podemos hacer juntos?

97- ¿Qué acciones específicas podemos llevar a cabo para que nuestra relación no se base solo en los asuntos relacionados con la crianza de nuestros hijos?

98- ¿Tienes alguna sugerencia que hacerme sobre cómo manejo el dinero?

99- ¿Cómo crees que ha impactado la relación sentimental de tus padres en tus expectativas o necesidades en nuestra propia relación?

100- ¿Podrías compartir las formas que tienes para lidiar con tus emociones para que yo también pueda utilizarlas cuando me sienta abrumado por ellas?

101- ¿Con cuál/es de nuestros amigos crees que podríamos realizar algún viaje?

102- ¿Qué acontecimientos de tu pasado crees que han moldeado tus necesidades y reacciones emocionales?

103- ¿Cómo has reaccionado en el pasado a problemas graves de la vida, como la muerte o la pérdida de un empleo?

104- ¿Cómo puedo saber cuándo necesitas más amor de mi parte?

105- ¿Qué crees que podemos mejorar para conseguir una relación aún más intima, amable y llena de amor?

106- ¿Cuál es el problema vital al que más le temes? ¿Por qué?

107- ¿Hay algo que hago que sobrepasa tus límites y te hace sentir incómodo?

108- ¿Cómo crees que podemos reavivar el amor cuando vemos signos de apatía o distancia?

109- ¿Cómo podemos manejar la situación si tenemos algún conflicto con el dinero?

110- ¿Te gustaría que habláramos más de sexo o te incomodan esas conversaciones?

111- ¿En qué podemos comprometernos los dos que nunca diremos o haremos frente a nuestros hijos?

112- Si hay hechos pasados que te hicieron daño y aún te afectan ¿Qué pasos estás dispuesto a dar para sanar del pasado? ¿puedo ayudarte?

113- ¿Cuándo he sido, sin saberlo, un poco frío o distante contigo?

114- ¿Hay algo en nuestra intimidad sexual que te haga sentir infeliz o incómodo? Si lo hay, ¿cuál es?

115- ¿Cómo puedo escucharte mejor para que te sientas completamente entendido?

116- ¿Qué lecciones de vida puedo aprender de ti?

117- ¿Con qué frecuencia crees que debemos pasar tiempo con otras parejas?

118- Si ganaras la lotería ¿qué te gustaría hacer con el dinero?

119- ¿Alguna vez he dicho o hecho algo que te ha avergonzado o hecho sentir incómodo mientras hacíamos el amor?

120- ¿Cómo puedo hacerte saber que siento que no estás siendo amable conmigo?

121- ¿Tengo algún hábito personal que te ponga nervioso?

122- ¿Cuáles serían las primeras señales de alarma de que nuestra relación tiene problemas?

123- ¿Cuáles son tus principales necesidades emocionales? (amor, pertenencia, reconocimiento, necesidad de diversion, reconocimiento, necesidad de desarrollo, etc)

124- ¿Cómo podríamos dar pie a tener más conversaciones íntimas?

125- ¿Cuál parece ser el tema o temas más recurrentes en nuestros conflictos?

126- ¿Cómo podemos manejar la situación si uno de nosotros se siente resentido por el tiempo que pasa el otro con sus amigos?

127- ¿Qué crees que hace que nuestra relación sea especial?

128- ¿Qué crees que podría hacer si necesito que hables más conmigo?

129- ¿Cómo puedo hacer que te sientas seguro para expresar tu dolor y temores?

130- ¿Crees que he conseguido mis metas profesionales? ¿Hay algún consejo que puedas darme para mejorar en mi carrera?

131- ¿Te gustaría vivir en otra ciudad?

132- ¿Cómo puedo hacerte saber, sin herirte, que no tengo ganas de hablar?

133- ¿Cuándo es el mejor momento para nosotros para resolver un conflicto?

134- ¿Cómo podemos manejar la situación si no estamos de acuerdo sobre la cantidad de tiempo que pasamos con nuestras familias (padres, hermanos, etc)?

135- ¿Te gustaría cambiar de empleo? Si es así ¿Qué otra cosa te gustaría hacer? ¿Puedo ayudarte a que consigas tu sueño?

136- ¿Hay algo en mi tono de voz o gestos que te moleste cuando hablamos de algún problema?

137- ¿Qué días festivos o tradiciones crees que deberíamos pasar siempre o casi siempre con tu familia?

138- ¿Cuánto dinero deberíamos ahorrar cada mes?

139- Si no tuvieras que trabajar, ¿cómo disfrutarías tu tiempo?

140- ¿Qué cosas puedo hacer para excitarte sexualmente que aún no hago?

141- Si discutimos ¿Cuál es la mejor manera de controlar la ira o la frustración para que podamos hablar con calma?

142- ¿Cómo crees que debemos comunicar a nuestras familias que a lo mejor no vamos a pasar determinadas fechas juntos o que nos veremos menos?

143- ¿Hay algo que siempre me has querido decir pero nunca has encontrado el momento? ¿Podrías decírmelo ahora?

¡Enhorabuena!
¡Sois una pareja valiente y con mucho futuro!

www.ingramcontent.com/pod-product-compliance
Lightning Source LLC
LaVergne TN
LVHW041631070526
838199LV00052B/3316